SI FUERAS ESTE LIBRO, NO QUERRÍA QUE TE ACABARAS
© Rafael Navea
Diseño de portada: Dpto. de Diseño Gráfico Exlibric

Iª edición

© ExLibric, 2026.

Editado por: ExLibric
c/ Cueva de Viera, 2, Local 3
Centro Negocios CADI
29200 Antequera (Málaga)
Teléfono: 952 70 60 04
Fax: 952 84 55 03
Correo electrónico: exlibric@exlibric.com
Internet: www.exlibric.com

ISBN: 979-13-88079-79-5
Depósito Legal: MA 197-2026

Impresión: PODiPrint
Impreso en Andalucía – España

Nota de la editorial: ExLibric pertenece a Innovación y Cualificación S. L.

RAFAEL NAVEA

SI FUERAS ESTE LIBRO, NO QUERRÍA QUE TE ACABARAS

ExLibric

ANTEQUERA 2026

A quien quiso trascender en estas páginas.
A los que cuentan los segundos de un abrazo
y fotografían la luna.

Prólogo

Querido lector, querida lectora:

Te invito a realizar una travesía emocional y existencial que dialoga con el deseo, la pérdida, el erotismo, la memoria y la vida. Hallarás evocación amorosa, pero también referencias vitales y sociales, sumando capas de reflexión sobre aquello que nos define y nos deshace.

Intentaré trazar una guía del libro que tienes entre manos, y con ello no pretendo condicionarte en su lectura; al contrario, me gustaría que te abrieras paso entre sus páginas sin una brújula que marque ciegamente hacia el norte. Elige tu propio hemisferio.

El cuerpo como territorio y exilio

Desde los primeros versos, la piel, la mirada y el gesto construyen puentes de encuentro y también de despedida. El deseo y la pasión irrumpen con valentía y honestidad cruda, narrando no solo los instantes compartidos, sino también las ausencias y la soledad que se instala tras cada abrazo malogrado. Los cuerpos convergen en un campo de batalla donde se cruzan heridas, cicatrices y la promesa renovada de la intimidad física y afectiva.

El amor, la pérdida y sus contradicciones

A lo largo de los poemas, el amor se presenta en su doble condición: refugio y tempestad. La voz poética —cualquier voz— siempre abraza sus contradicciones, navegando entre la euforia de los encuentros y el desgarro de los adioses. Este poemario recrea la intensidad de lo vivido, pero también se lame las heridas de lo imposible y lo fugaz. El *eros* se combina con la nostalgia, la búsqueda de permanencia y la asunción de los fracasos. No hay idealización ingenua, sino una sinceridad que busca dar matices y complejidad a las palabras, haciendo de cada vivencia una experiencia abierta, inacabada y siempre al filo del abismo.

La memoria y el paso del tiempo

También me he propuesto establecer un diálogo con la memoria y el tiempo. Las huellas del pasado se filtran en la cotidianidad y en el presente, dando lugar a una relectura de los recuerdos, los objetos y los rituales. Las ciudades recorridas, los amigos perdidos, las amantes ausentes son ofrendas invocadas en clave de aprendizaje y despedida. El paso de los años aparece como eje vertebrador en el devenir de los acontecimientos, en una búsqueda incesante de sentido, equilibrio y esperanza.

Dimensión social y política

En estos tiempos tan difíciles, no puedo olvidar posicionarme ante el dolor colectivo y la injusticia. Con «Palestina acusa» y otras referencias puntuales al genocidio de un pueblo, he pretendido ser una humilde voz capaz de rebelarse y denunciar, de manifestar una empatía profunda ante quienes sufren y una indignación honesta ante los dramas contemporáneos. La poesía puede y debe empujar la vida y la dignidad en un mundo necesitado de ternura y resistencia.

El estilo

He intentado mantener a lo largo del poemario una voz cercana y emotiva para que la hagas tuya, sin miedo a la transparencia. Busco la complicidad en cada persona que haya amado, perdido o, simplemente, buscado a otra. Para ello, trato de imprimir a mis poemas un ritmo ágil, entre la narración y el fragmento reflexivo, con imágenes sugerentes, guiños literarios y referencias culturales que amplifiquen mis palabras.

Versos para vivir

Te ofrezco estos poemas como un legado que es también invitación. Lejos de ser solo testimonio de lo vivido, me gustaría que te enfrentaras a tu propia vulnerabilidad. Es aquí donde la poesía cobra su valor y se reivindica, ante todo, como acto de resistencia: amar, recordar, rebelarse y, sobre todo, no dejar de mirarnos a los ojos, pues solo así la vida no nos hará daño.

Concluyo este prólogo animando a quien se acerque al poemario a hacerlo sin prejuicios, con la piel y el alma abiertas. Que cada verso sea el lugar donde las emociones encuentran sentido y amparo. Porque es urgente abrazarse y celebrar todo lo que aún queda por vivir.

Rafael Navea

Así eras tú en aquellas tardes divertidas,
así eras tú de furibunda compañera.
Eras como esos días en que eres la vida
y todo lo que tocas se hace primavera.
SILVIO RODRÍGUEZ

Fue bueno tu cuerpo como destino incluso para el fracaso.
RUBÉN TEJERINA

(Escucho tu silencio.
Oigo
constelaciones: existes.
Creo en ti.
Eres.
Me basta.)
ÁNGEL GONZÁLEZ

Y en tus ojos la electricidad.
Y en tu boca el fuego de un volcán.

Preámbulo

En la letra pequeña de tus labios no estaba escrita la palabra «despedida», aunque yo me empeñara en recrearla una y otra vez tras la certeza inequívoca de tu ausencia.

Ya no estás. El silencio se ha instalado entre nuestros cuerpos, y disfrazamos con palabras vacuas este descenso al reverso de las emociones. Hay un legado compartido que comienza una tarde nublada en un pueblo junto al mar, y acaba diluyéndose por cada surco de la memoria. A veces es un disparo en la sien, un *knock-out* en el segundo asalto; y otras, una suave transición hacia el sueño, imaginando el último abrazo de nuestra desnudez pactada, con mis dedos delimitando tu vientre y un ejército de besos traspasando la piel. Extiendo mis brazos y puedo tocarte. Después, todo se cubre del manto negro de la noche y lo que no fue y pudiera haber sido deja de importar. Hasta que el despertador marca las horas de la vida que no nos contaron. Tú corres para estar en todas partes, y yo siempre llego tarde a lo que importa.

Hoy me puse a contar los kilómetros que separan nuestras casas. Esa es la distancia más fácil de medir. También encontré un puñado de poemas para digerir los fragmentos de la explosión. En los abismos de este libro no hallarás tu nombre, pero casi todo lo que hay en sus páginas te pertenece.

> *Aunque el beso se haga aire*
> *y se pierda el grito en la garganta,*
> *algo quedará de mí que te recuerde.*

SI NO DEJÁSEMOS DE MIRARNOS,

LA VIDA NO NOS HARÍA DAÑO

TU PIEL

Hablo de piel.
Tu piel es seda.
En tu piel escriben cartas de amor
los que te tocan.
En cada curvatura hay un secreto
inconfesable.

Tu piel también es instinto,
el grito apenas apagado
por el beso rebelde que conquista
tu boca.

En tu piel nada está ganado o perdido.
Me aúlla y se esconde, y yo la busco
con dedos incisivos.
Desvela placeres imposibles al filo
de la madrugada amiga.

Hablo de tu piel y es hablar de deseo.
De romperme en pedazos por recorrer
sus mapas, por hacernos fuego.

Desde que vivo en tu piel
ya no hay nada que pueda decir
sin que te nombre,
y en todos los escenarios posibles
somos nosotros, centímetro a centímetro,
                                    un solo cuerpo.

POEMA PARA DOS CUERPOS

Mi lengua se parte entre tus piernas
y tú me pides que no pare.
Todo se deshace en este cuarto salvo la cama,
testigo incorruptible de nuestras contorsiones.

Es tarde, no sé, o a lo mejor es siempre
este momento de mi pecho contra tu espalda.
Necesito guardarlo por si no vuelves
a la casa de puertas abiertas que has conquistado.

Todavía me pareces un poema impostado,
demasiado perfecto para ser escrito por mis manos.
Pero entonces son las tuyas las que emergen
sobre todas las cosas, dibujándome.

Y aunque somos dos ciudades de extrarradio
con carreteras cortadas y vidas en construcción,
siempre encontramos un camino
para delimitarnos en sombras.

Bienvenida pues a este resumen de nosotros,
en el tiempo del abrazo más desnudo.
Créeme si te digo que ayer nos arrancamos
más que la ropa, y que sigues temblando
bajo el peso de mi cuerpo.

Volverás a ser principio de incertidumbre,
pero de algo estoy seguro:
tú escribes ahora mis razones.

UN BESO

Este poema comienza con un beso
en una tarde de junio.
Hace calor, y descuidadamente
juegas con tu vestido.
Observarte es un ejercicio imposible
de sensatez, porque despiertas
mi lado más oscuro, más salvaje.

Así, suspendidos en un sofá que apenas
nos sujeta, los labios se desean, se pertenecen.
Y aunque aún no lo sabemos,
ansían explorarse.
Hoy apenas un correcto segundo,
que tal vez fueron dos en la despedida.

Porque hubo más besos, y abrazos
que el aire no traspasa.
También palabras necesarias
para conciliar nuestros instintos.

Te dejé ir, no sé cómo y tras avisarte,
«si vuelves a mirarme así, te quedarás
para siempre».

En el ascensor no pasó nada,
si hacer el amor sin tocarnos es nada.

Ahora sé que llevaré tu nombre conmigo,
donde quiera que vaya.

ANATOMÍA DEL DESEO

Y sucede.
A veces tan sutil como
una leve transparencia de tu pijama,
—el moteado con encaje negro—
que desata este poema.
Otras, con salvaje honestidad,
me vierto sobre tus pechos en un delirio
irrefrenable.

Pero también son nuestros silencios,
comedidos y tiernos.
Las miradas discretas que discurren
por tus hombros,
y las que estremecen, como una mano
inesperada en la entrepierna del deseo.

Y te he rozado, tú ya lo sabes.
Hemos tenido que deconstruir el camino
que lo cambia todo.
Por centímetros no ardimos.
No soy experto en anatomía, pero conozco
tu cuerpo de memoria y todos sus atajos.
Aquellos que dibujas en versos encendidos
y me convierten en tu depredador
más compasivo.

Hoy repaso las formas de los amantes
y me reconozco distinto, más fiero,
desde que tus piernas se abrazan
a mi cintura y yo te sostengo.

CUANDO TE MARCHAS

Es raro este silencio que inunda todo
cuando te marchas, dejando
un inventario de abrazos, de manos
que no saben dónde descansar
si no es en ti.

Mis manos, que vuelan por el teclado
e imaginan la remota posibilidad,
apenas un segundo en que sucedes.

Observarnos sin palabras
es un ruido atronador.
Perdura tu olor, o eso quiero,
en los confines de mi ropa.
Nos hemos acercado tanto
como para cambiarnos la respiración.

Eres la tormenta eléctrica
de agosto en Madrid, el agua fría
que calma la sed.
Un trazo de tinta azul que reescribe
las ondas de tu pelo.

He imaginado formas de morir solo,
y ninguna tan dulce como ahogado
en la resaca de este día en que tú,
sin saberlo, me mordiste suavemente
el corazón.

QUISIERA

Quisiera ser las manos que te despiertan
a las ocho y diecisiete.
El beso que baja por tu espalda
con intención de quedarse.

Una maniobra de resurrección
para la piel que espera
su caricia.

Quisiera no ser despedida
cuando más te deseo.
Caminar por tus heridas y sanarlas.
La mirada que te desnuda cuando nadie
nos ve.

Quisiera abrazar contigo
la vida que no tuvimos.
Cocinar para ti un domingo.
Sostenernos.

Toda historia de amor
ha de reinventarse cada día.
Su valor se encarece
en la misma medida de tu ausencia.

Hoy sé que eres bienvenida
a este oasis de palabras nuevas.
De todos los fuegos artificiales de mi vida,
solo a ti te encendería para arder siempre.

EL FUEGO, LA DULZURA

Esto no es un relato erótico,
aunque pueda parecerlo.
Habla de encontrarnos a solas,
cualquier lunes de cualquier mes.
Casualmente pasabas por aquí,
casualmente te esperaba.

De forma amigable nos abrazaremos en la puerta,
aunque nuestra respiración ya no es la misma.
Nos convertimos en seres olfativos,
saboreando el silencio del contacto.
Lo alargamos interminables segundos.

Hablo de sentidos, nada más.
Pasa, por favor, siéntate en el sofá,
te abro una cerveza.

Qué raro este momento y sus vaivenes,
el dobladillo de tu vestido negro que descubre
los muslos más dulces, los hombros imaginados
a merced de mis dedos inquietos.
Y lo he pensado tantas veces,
que sucede y no nos sorprende.
Como el viento salvaje que anticipa
la tormenta de verano,
nos deshacemos juntos.

Porque es así, como tú lo anunciabas,
mi mano rozando tu entrepierna,
las lenguas que se buscan
y un vértigo creciente entre mi pantalón
y tu espalda.

Cada ángulo descubre un espacio nuevo
de deseo, la piel dormida tanto tiempo
se retuerce en danza frenética,
un amasijo de brazos, rodillas y vientres
reconocibles en versos de ayer y para siempre.

Tus pezones en mi boca son luciérnagas
que me guían hacia el centro de todos los mundos
que habitas.
Bebo de tu savia y palpitamos como un solo músculo
al penetrarnos contra la pared de nuestras fantasías.

Elegir el fuego o la dulzura, tal vez ambos
y en todos los momentos, para no dejar
de sorprendernos,
que la humedad y tu aullido sean el hilo conductor
de estos vasos comunicantes en los que saciamos,
como buenos amantes,
la sed y el sudor.
Un tibio apetito.

Y tras el temblor, cuando abandone tu cuerpo
y salgas del mío, y el reloj marque las horas
de la despedida, no quiero que me digas adiós.
No quiero terminar cuando todo empieza.

Sé que hoy te marchas,
pero quédate a vivir en mis palabras.

CÓMO DEJAR IR

Cómo dejar ir a alguien
que te escribe versos
para hacernos el amor
cada noche.

Cómo olvidar a quien te dice que se toca
cuando te piensa, que transita con
sus dedos por las cavidades más íntimas,
mientras imagina que la posees.

Cómo no enamorarse de su figura inmensa,
de la sonrisa triste,
de la curva de su espalda.

Has despertado en mí
lo que ya estaba muerto.
Te abriste paso entre mis vísceras
para recordarme que un beso
puede ser el principio
de una reconstrucción mutua.

Una sola fotografía me ha traído
el insomnio más lascivo,
el que te desnuda cuando lees esto
y nos encierra en una habitación del pánico,
para derretirnos de las ganas
de un verano que promete ser fuego.

Si me preguntan quién eres,
les diré que playa, nube, aire
y otras fantasías de poeta
de entresuelo.

Pero hay mucho más que eso,
y lo guardo para nosotros.

Eres todos mis orgasmos,
y los labios inflamados
de morderse.
Eres la calma tras la sacudida,
y la ropa que te arranco en el pasillo.

Eres una caníbal en mil posturas,
la luz después del túnel de tus piernas.
El cauce desbordado de un río
que aspira a fundirse con el mar.

Hay mujeres de las que nunca vuelves.
Tal vez por eso te encontré,
para quedarme inmóvil y abrazar
este momento, a veces quietud,
y otras, la súbita tempestad.

Así te vivo, así te quiero.
Tal y como te muestras.
No es tiempo de imaginar
—ya sé quién eres—,
sino de perpetrarte.

LOS PRÓXIMOS PASOS

Los próximos pasos que des
han de llevarte a mi casa.
Guardo para la ocasión
una cerveza *premium* y todas las ganas
de tocarte.

A mí no me suceden estas cosas.
Hace tiempo que, como buen gusano,
me arrastro por las alcantarillas del recuerdo.
Fijo mi mirada en las paredes y dejo
que el tiempo transcurra sin agravios.
Mi coartada es mi condena.

Y entonces, tú.
Con tu pelo invencible.
La felicidad son tus piernas
señalando al cielo.
Tus bragas, todas diferentes,
que ya me sé de memoria.

Tengo la vista cansada de hacernos
el amor con los ojos,
cada palabra que intercambiamos
tiene el doble filo de la desvergüenza.

Por eso te espero, en el día acordado.
El hombre del tiempo anuncia calor extremo
y tormentas en la península de tu boca.
Se recomienda saciar la sed, aunque eso
ya nos lo sabemos de memoria.

AVENTURA

Todo se llena del ruido de tus pasos,
aunque no pueda verte.

Mantenernos tan equidistantes del deseo
y no rompernos de las ganas
resulta imposible.
Presentirte así, sobre mi cuerpo,
descubriendo caderas infinitas
y un vientre hecho para besar,
tras arrancarte la ropa
y los miedos.

Hay amores que se escriben,
sin cólera y sin tiempo.
Amores como un estremecimiento
que sorprende al atardecer de la vida.

Me pides que no espere más,
cuando te he esperado siempre.
Eres mi caricia, te huelo como el animal
en que me has convertido.

He de decírtelo,
ponle música si quieres.
Eso que tú me das
es una aventura en toda regla,
pendiente de calificación por edades.
Y me has besado tantas veces sin saberlo,
que la curva de mis labios te pertenece.

TIEMPO

Para quedarme en ti he trazado
un camino sin líneas rectas,
porque el corazón tiene sus tiempos.

Hay una medida para todas las cosas,
que no siempre puede ser cronometrada.
Desnudarte, por ejemplo, no tiene cuenta atrás
ni segundero, la piel es un asunto que trasciende
lo mundano.
Te diría que tocarnos es acercarse a Dios,
y yo, que no soy creyente,
abrazo esta religión nueva, mística
de tu cuerpo sobre el mío.
O debajo. Y también por detrás.

Tampoco sé contar los minutos
si paramos el coche en un área de descanso
y me pides que te encienda con mis dedos.
Entonces, soy Kavafis y el destino de *Ítaca*
se diluye en un viaje interminable hacia el deseo.

Por eso, no es difícil esperarte
mientras buscas acomodo en mi abrazo
y seduces otra vez a los espejos.
Alumbras una nueva vida, la tuya,
y es tanta la luz que desprende
que la he llamado libertad.

Y este orgullo de saberme parte de tus días
es pronóstico de futuro.

CÓMO PARAR

Y cómo parar,
si eres *rock and roll* cada noche
y todas las mañanas.
Las manos que no saben detenerse
y bordean la humedad más secreta.
El lado oscuro de la habitación
que nos define en nuestra voracidad.

Ahora, indetectables a las miradas
del mundo, nos encontramos a las puertas
de mi casa, ese camino que te recito
de memoria para que lo aprendas.

No has llegado tarde a mi vida,
porque tienes nombre de verano
y sabes a cerveza en el beso desatado.
Sabes a mí cuando te pruebo.

Y me pregunto qué parte de ti
se quedará conmigo,
porque todas me gustan
y he vuelto a mirar de frente al deseo.

Nosotros, los que somos ahora,
ya no podremos invocar a los de entonces.
Tu mirada ha cambiado, la mía es un lobo
cuando te busca.

Llega despacio para olvidar de dónde vienes.
Si me dejas, te dibujo un corazón en la entrepierna.

CIRQUE DU SOLEIL

Puedo ser buena compañía.
Puedo arrancarte la tristeza y también
la ropa, sin un orden claro.
Conozco el lenguaje de tus silencios.
La luz siempre está prendida para ti.

El calendario marca un tiempo
de lento verano,
y yo no me acostumbro a tanta calma
tras la tormenta que desatas en mi habitación.
Zarpazos que me tatúas en la espalda.

Elegirte es subir un *Everest* sin piolet
ni cuerdas que sostengan un mal paso.
Y no pienso en la caída, sino en la ascensión.
Todo precipicio tiene dos caras,
y la tuya bien merece un salto mortal
con redoble de tambor.
Soy acróbata de mi Circo del Sol,
suspendido en un instante sobre el mundo
y desde ti.

Para eso entreno mis brazos, para agarrarte
y que me trepes, nosotros frente al vértigo
de vivir.

No te pido que te lances al vacío,
pero si de algo estoy seguro,
es de que nunca te dejaré caer.

Las mujeres que hay en ti

Yo he vivido entre tus piernas.
Tengo el sabor de la entrega en mi boca,
y tus dedos clavados en el pecho.

Reinventamos palabras que ya existen.
Sofá, ducha, pasillo.
Caricia, beso, temblor.
Todo es nuevo, menos esta sed de siempre
al fin saciada.

Elegirte es la forma más honesta
de quererme, porque todo de ti
me estremece.

Eres mil amazonas tensando su arco,
la ferocidad de la manada en su lucha
contra el invierno.
Un caudal inagotable de amor.

Y, al mismo tiempo, tu fragilidad.
El corazón de niña que se encoge.
Un breve gesto de repliegue antes
de lanzarte contra mi cuerpo y devorarnos.

Amo a todas esas mujeres que eres tú,
y a la que está por llegar.
Mujer libre, mujer viento, mujer árbol.

En tu nombre empieza todo,
siempre lo he sabido.

Atrapasueños

Hoy brindo contigo,
porque posponemos el deseo
sin decir adiós.

Guardamos esa carta
de un tiempo futuro,
menos imperfecto.
Un tiempo donde no hay
camas separadas y nos leemos
la mente solo con mirarnos.

Y es que somos islas en un océano
a la deriva, los vértices más alejados
de un triángulo que, sin embargo,
convergen en la misma apnea.

Respirarnos, eso es.
Lamer las heridas que nos desangran
sin tocarnos, un pacto de renuncia
al verano y sus dulces resacas.

Para imaginarte, me inventé
siete poemas que tú
me devolviste multiplicados,
y en ese germinar de ausencias
tejí mi atrapasueños,
con serenidad, convencido
de tu nombre, rotundo y breve,
escrito junto al mío.

HOY NO

Algún día hablaré de ti en pasado,
pero hoy no es ese día.

Te irás, porque no deberías estar aquí,
aunque has venido con tu alegría
y esa falda corta, y yo
celebro la vida.

No tendrías que estar.
Sin embargo, vuelves o te pido
que regreses.

Necesito tocarte.
Necesito tu aliento.
Necesito que me tengas.

De esta puerta sin llaves,
de este latido que ahora se asoma
al precipicio sin fondo
de unos ojos nuevos,
eres dueña.

Traspásame, aunque des un rodeo.
Cada acorde de mí te esperaba
y no es tarde para ser canción
de amor.

CORRER

Del verbo correr.

Yo corro para que me veas llegar.
Tú corres para gobernar tu vida.
Él nunca supo correr sobre tus pasos.
Nosotros adoramos corrernos en el otro.
Vosotros, los ajenos a esta historia,
no sabéis correr por un sueño.
Ellos corren contra el viento,
nunca nos alcanzarán.

En esta carrera no hay ganadores,
pero sí mucho en juego.
Se trata de ti,
del presente singular en primera persona
que te espera.

Habrá tiempos difíciles de conjugar,
versos sin rima, la mirada que se pierde
donde no llegan la razón ni el corazón.
Abraza ese momento, crece en el dolor.

Dentro de ti hay un verano invencible,
tú lo elegiste.
Y yo, corredor de fondo, solo tengo
que mirarte para sentir la fuerza
de tus pisadas.

Te conozco, mujer batalla.
No te rendirás, serás camino y pausa,
aliento y coraje.
Vendrán esos días de la canción
que hicimos himno. *Han de venir.*

Y con ellos, de nuevo la risa,
la playa sin olas, la foto perfecta
de la luna, lecciones de geografía
en la península de tu entrepierna.

Esta noche eres el galgo blanco,
el caballo ganador del *Grand National,*
la liebre invencible que cambió el final
del cuento.
Corres para saciar tu hambre,
los ojos te delatan, eres revolución.
Te espero donde quieras llegar,
para sumar respiro a tu garganta.

Tú le pones nombre al futuro.
Solamente tienes que creerlo.

Camino

Es tu camino el que me mueve,
el de la luna generosa que juega a esconderse
entre las nubes, su rumor a noche.

Ahora conduces sola por esta carretera
de dirección única, tú sabes el destino.
A tientas, la oscuridad no siempre
te abraza como quisieras.
Pero avanzas, aún te estremece el ruido
de un final anunciado.
Los viernes, que parecen lunes.
Tus pies esquivando ropa sucia
por el suelo.
Un llanto censurado en la habitación
que nunca volverás a pisar.

El amor se destruye y no se trasforma,
y la física que encontraba solución
a los problemas se convierte en soledad.

Llegará septiembre, sus rutinas,
correr para no pensar,
tal vez nuestras miradas cruzándose
en una tregua de segundos.

Sonreirás,
y tu cara me parecerá la más bonita.
Después de todo, nosotros sabemos
parar el tiempo sin perder el camino.

SEE YOU SOON

De todos los escenarios posibles,
hay uno remoto que nos pertenece.

Se encuentra entre tus dudas
y mis certezas, a escasos centímetros
de los labios que prenden la llama,
y de la mano que imagina tocarte
por debajo de esta mesa.

Se palpa en la atmósfera que acompaña
a este momento, tan cerca, tan serios
y sensatos. Y en el fondo, tan animales.

Te marchas, y va a ser un largo verano.
Abrazaré septiembre como el fin
de los días en que sostuve la distancia
terrible del mar a la meseta.

Me asomaré al borde de tu cama,
cada noche.
En tu sueño más profundo seremos libres.

Perdona que no sepa terminar este abrazo.
Necesito alargarlo como si fuésemos una
y no dos soledades.

Dame el tiempo que nos falta
hasta que me sucedas de nuevo.

LA SED

En este diálogo conmigo mismo
te he convencido del poder de tu espalda.
Del maremoto que provocan tus piernas
y las múltiples formas de acariciarte.

He tocado el vértigo de unos ojos impenetrables
sintiendo su voracidad, chispas incendiarias
apuntando a mi parte menos racional.

Me he postrado sobre tu cuerpo desnudo, al fin.
Cada temblor es compartido.
Si fuera un alcohólico, te regalaría noches
de vino y rosas.
No habría fin a las cavidades del deseo.

Explorarte es sucumbir a la curiosidad del mundo,
un renacimiento de lo que dormía.
Soy un felino que no se esconde
y acomoda sus garras en tu piel.

Y ahora que te invoco,
que miro al cielo y no hay perseidas,
y se me ha detenido el tiempo
en un beso largo, flagrante,
que tú y yo consumamos sin piedad,
vuelvo a irrumpir en tus horas
para conservarte así, alevosamente nocturna,
el pan nuestro de mis días, la sed.

PALABRAS

Toda sonrisa
retiene un atisbo de tristeza.
RUBÉN TEJERINA

Estas son las palabras que nunca te diré,
por eso las escribo.

No diré, por ejemplo, que me pierdo
en tu mirada infinita de azabache,
mientras pasa la vida y sientes que algo
se quiebra de aquellos sueños que trazaste,
lejanas memorias de juventud.

Jamás te confesaré que huiría contigo
hacia un tiempo de ser libres,
sideral escape a años luz de la tristeza
que trasciende hoy nuestros cuerpos,
en el abrazo descubierto casi por sorpresa
y que es refugio y abrigo a antiguos miedos.

Sellaría mis labios antes de admitir
que se mueren por los tuyos, que transito
entre el deseo y la ternura, y de no ser
un tú y un yo, fundaríamos un nosotros
para liderar las fuerzas de la insurrección.

Me has emocionado y tendrás que guardar
el secreto, este rumor que crece serenamente
y alimenta mis ganas de ti, en la espera de los días
que me quedan por vivirte.

Ayer y hoy

Compartimos una historia de puntos suspensivos,
de corazones en la distancia que se buscan
y manos que simulan las caricias que te debo.

No es tan malo estar solo si aún puedo desearte,
si nuestras pulseras nos remiten a lugares comunes.

Hoy recuerdo los planes que trazamos, cuando la vida
nos regalaba cenas a la orilla del mar y besos
sin tiempo.
Te echo de menos desde el primer día que te quise.

Porque un nombre sencillo no se olvida,
nunca es tarde para repetirlo.

Ese vacío del que me hablas es mutuo
y solo pienso en atrincherarme contigo.
Dar la espalda al mundo muy juntos,
como si fuera el último día.

La felicidad también es una forma de tristeza,
refugios de la memoria a salvo de tormentas.
Esto no es una declaración de amor,
pero bien podría serlo.
Como si tantos años no nos hubieran cambiado
y guardásemos las ganas y el empeño.

Cada vez que pienso en ti
se ordenan todas las cosas que importan.

Encerrarnos

Podríamos encerrarnos y aprender poemas.

Ser ávidos lectores en el tiempo
de *aún* y *todavía,*
recitando a los Montero, Vilas
y demás secuaces del verso,
que nos incitan a la belleza más despiadada.

Palpitar sobre cuadernos, libros y notas tomadas
a quemarropa en un bar,
ocurrencias sobrevenidas al amparo de luces amarillas
y licores tibios.

Podríamos encerrarnos.

Y así no tener que despedirnos al filo de la noche,
cuando más nos deseamos, rebosando palabras
que se perderán en la efímera batalla
de los lunes.

Cada línea escrita es un acuse de recibo
de lo que nunca nos dimos.

INCENDIOS PROVOCADOS

En la penumbra de este verano tardío
te besaría solo para confundirte,
y provocar el incendio que te salva
de un dolor antiguo, persistente.
Atronador.

Acariciarte en la quietud de la tarde,
en imposible equilibrio
sobre un sofá que es mi hogar
si tú lo habitas.

La piel recuerda que éramos fuego.

Nos acostumbramos al amor clandestino,
al abrazo en un rellano que despierta
tambores de guerra de tu cuerpo sobre el mío
y viceversa, horizontal o transversal.

Entonces y ahora.

Desarmar la tristeza, quererte sin tiempo
para que me quieras.
Mirar los mapas y descontar los días
de la deriva en una huida perfecta.

Nosotros, la vida. Y tomar aire
tras el vértigo del temblor.
Porque respirarte es mi único aliento.

MI LECTURA FAVORITA

Somos el arte de la guerra en la cama.

Un viaje al fin de la noche cuando nos besamos.
El corazón helado, si no puedo tocarte.

Una soledad demasiado ruidosa si me dejas.
El sicario de tu dolor más profundo.
Una cuestión personal cuando se trata de amarte.

Un jinete polaco para cabalgar tu cuerpo.
La inmortalidad hasta el fin de los días.
Somos una huida al sur de la frontera,
al oeste del sol.

Somos seda en el tacto.
El temblor de los amantes.
Mi única patria.

Y tú, tan señora de rojo sobre fondo gris.
El perfume que perdura.
La cara oculta de los amores difíciles.
La voz dormida demasiado tiempo.

No más habitaciones separadas,
ni un año sin verano.
No daremos tregua al olvido
que seremos.

Hoy cierro mi diario de invierno.
Lo que me queda por vivir es contigo.

Llámalo sueño.

LA MAGNITUD DEL TERREMOTO
EN LA ESCALA DE TU NOMBRE

DUERMEVELA

Esta noche se viste de invierno.
Se me ha perdido tu cuerpo delgado
entre las manos.

Escribo tu nombre en las pantallas
y me devora el ansia, un destello
de lucidez para desarmar razones.
Lo que no sucede es más cierto,
porque permanece sin fisuras, intacto
en el deseo que no nos concedimos.

No sé cómo esquivar esta nueva soledad
que anuncias, esta distancia inabarcable
entre tu casa y mi casa.
Me llevo todos los aplausos del segundo premio,
subcampeón de la nostalgia de tus labios
dibujando mapas secretos en mi piel.

No duermas aún, estoy tejiendo
los mejores sueños para arroparte,
porque hace frío y —ya lo he dicho—
tu cuerpo menudo y náufrago
se me ha escurrido de los dedos
hacia un mar sin orillas.

Vapor

Es posible la felicidad antes de ti,
pero no soy un viajero en el tiempo.

Te gustaban mis piernas, y cómo decirte
que yo amaba las tuyas sin que sonara
pretencioso y cursi.
Cómo hacer de la caricia un arte definitivo
para coleccionarnos.

Este silencio me aplasta.
Madrid es la tumba perfecta
para un regreso inoportuno.

Es imposible salir ileso
tras aprender tu cuerpo de memoria.
Quién iba a imaginar estas bocanadas
de vapor dulce en mis pulmones,
su desecho frío amortiguando
la tristeza.

Simulemos una cuenta atrás
que termina con nosotros en una playa.
Cerveza fría y besos con sabor a sal.
Tú vuelve a sonreír y yo completaré el resto
del poema.

A veces imagino que ganamos,
y no tengo que echarte de menos.

ÍCARO

Como Ícaro, me quemé con tu fuego.
Eran más que canciones de música ligera,
era mi corazón sin fianza y la respiración calmada
de un francotirador ante su última bala.

Ahora nieva a las puertas del verano, y busco
un kit de supervivencia que nos salve a ambos
de esta confusión definitiva.
Tal vez una radio que describa el terror de las bombas
sobre Gaza, para convencerme de que tu ausencia
podría ser mucho peor.

Hablo de muerte y destrucción,
queriendo ser trinchera protectora de esos niños.
Y a veces resulta, el odio te salva de ti mismo,
como un antídoto contra el miedo y su reverso,
la aflicción.

No sé qué esperar ahora que se nos hizo tarde
para el amor, debimos haber pensado
en los efectos secundarios y las contraindicaciones
de una pasión a destiempo.
Leer bien el prospecto y no hacer prospección
de nuestros deseos más profundos,
mirarnos sin el filtro cegador
de un caleidoscopio fascinante.

Pero es que teníamos que encontrarnos
en nuestras soledades,
la tuya delgada y cauta, como un junco,
siempre acompañada por esa sonrisa amable
que yo guardé discretamente cuando nos cruzábamos
o me buscabas al filo de la tarde,
entre batalla y batalla de nuestros días.
Mi soledad, en cambio, una fortaleza al abrigo
de las miradas, sin concesiones a nuevas formas
de sentir y de amar.
O eso creía.

Estos versos ahora son silencio prudente y necesario,
una guerra de guerrillas contra mí mismo.
Yo, que me acostumbré a perder por penaltis
y en el último segundo, no lo vi venir.
No supe cuánto y cómo me importabas.
Y es tarde para arrancarte de mí,
aliméntate entonces hasta saciar la sed
que nos devora.

Aunque el beso se haga aire
y se pierda el grito en la garganta,
algo quedará de mí que te recuerde.

DÍAS RAROS

Son esos días raros.
De tenerte y no tenerte.

De puertas que se abren al tiempo
que se cierran, resquicios que muestran
heridas, piel y —más profundo aún— alma.

No eres mi viento a favor
y, sin embargo, navegamos.

Me susurras cuando todos duermen,
y yo ignoro el reloj por no despertar
de esta fantasía insospechada.
Los amantes inciertos y su reverso, la vida.

Si fueras mi ciudad, buscaría los callejones
más oscuros para recorrerte.

Es un delirio, lo sé, y mañana mis fantasmas
me pedirán cuentas.
Pero he esperado toda la vida esta fotografía
que nunca nos hicimos.

Formas de volver

Desandar un millón de pasos.
No soltarte la mano.
Encender estos versos.
Regresar al sur, si alguna vez
me fui.
Bailar en la oscuridad.
Abrazarse sin tiempo.
Releer cierta historia de amor.
Curar las heridas.
Tocar el mar como se toca
a quien amas.
Reconstruir los fragmentos
que perdimos, perdonar,
perdonarme en el fracaso.
Saltar sin red.
Formas de volver para despedirme
con un *siempre*.

AGOSTO

Busco otra cerveza en la nevera.
Las he distribuido por todos los estantes,
con la secreta emoción de ir encontrándolas
una a una, hasta la última.
El murmullo suave del ventilador se abre paso
en este silencio.
Las tardes, cada vez más cortas,
marcan un diagnóstico preciso del tiempo
de volver.
Volver, pero adónde.

Es lo que quería, me digo.
Esta soledad deseada y urgente,
lejos de las carreteras, los centros comerciales
y las piscinas comunitarias.
A salvo de miradas que no perdonan,
de músicas infames y el bochorno de las ciudades.
Todos estos días el telediario abruma
con sus mapas teñidos en rojo, sus incendios.
Trump, Gaza y más olas de calor, no olviden hidratarse
y protegerse del sol.

Hoy es miércoles, y hace tiempo
también era miércoles, pero contigo.
Ese día no hubo noticias que comentar,
solo piel con piel, tu forma acelerada
de respirar, mis manos y boca sin rumbo
por todas tus entradas.

Escribir me salva cuando estás distante,
cuando la maraña de pensamientos te arrastra
hacia espacios que no son míos ni nuestros.

Entonces me repliego, escucho tu silencio,
releo tus poemas, te veo en cada reflejo
del Mediterráneo.

Comprendo tus batallas, y asumo que soy
un soldado en la reserva, que podrás llamarme
a filas en cualquier momento,
cuando tus defensas se quiebren y te alcance
el fuego enemigo.

Y estaré, porque no hay mejor lugar en esta tierra
que el oasis de tu abrazo.

La vida urge, pero nunca quise correr más que ella.
Hay que abrazarla como a una canción de *jazz*.
Con sus leves matices, sus armonías sutiles
y sus giros de guion.

Busca tu momento, no dejes de marcar
el ritmo de tus pasos.
Yo no dejo de mirarte, de beber
de tus labios, tan afines a los míos.

Agosto y yo seguiremos exterminándonos,
como si ambos conspirásemos para el fin
del mundo.
Aún debe quedar cerveza en la nevera.

BANZAI

> *Otra vez jugaremos a guerra en la selva.*
> EL ÚLTIMO DE LA FILA

Ya no hay versos nuevos en mi bandeja de entrada,
ni palabras tuyas pidiéndome que ardamos juntos.
Soy ese niño sin amigos que juega solo en el parque
y golpea una pelota contra el muro de tu casa.

Tendré que pedirle al buen dios de las rutinas
que te asfixie —solo un poco—, para que eches de menos
nuestras madrugadas sin sueño, caminar al borde del deseo
como buenos kamikazes, mano sobre mano, suertes cruzadas.

Vuelvo a ser la palabra que me completa, ahora que pactamos
este silencio mutuo hasta nuevo aviso. La vida tiene estas cosas.
A veces te da salmón noruego y empanada de atún,
y otras te suelta una hostia que no ves ni venir.
Y es emocionante, por qué no decirlo, saber que en un día
todo se gana y todo se pierde.

No estoy mal, pero admito que despierto
echándote de menos, y hasta me gusta ser
el reverso de tu vida, la que no tuvimos porque ni siquiera
sabíamos de nosotros.

Y con todo, yo te habría elegido cada vez.

No me voy de tu lado, eso nunca. Porque te has convertido
en todos mis pensamientos. Pero a veces me inmolaría
al grito de *banzai,* cansado de perseguir la belleza
y nunca alcanzarla.

SEÑALES

No hay ruido.
No hay viento.
Podría ser el final
del camino.
No vernos más,
ni necesitarnos.
Simplificar las caricias
hasta borrarlas.

También existe otra forma.
Música para bailar.
Un cielo azul de postal,
tu desnudez insolente
prendiendo mis ganas.
Amar sin promesas.

Lo sabré al cruzarnos
en cualquier pasillo,
las miradas se pronunciarán
y no habrá incendio
ni glaciación ese día.
Lo que suceda trasciende
más allá del tiempo
y a nosotros mismos.

¿Eres tú la ofrenda de julio
o el ángel caído de invierno?
No me importa,
os quiero a las dos.

Como si nunca

Se me ha detenido la vida en este sofá,
cada noche, viendo fragmentos de películas
de cineclub, dejándome acariciar
por un sueño a destiempo que después
pasa factura.

Te veo atribulada y dispersa,
casi indiferente,
y no sé qué me empuja a quererte.

Si el cuerpecillo delgado,
la mirada agitada
o las manos de karateka que exploraron
mi mundo más secreto.
Cada vez me cuesta más sostenerte
desde el silencio, pero crece este legado
de idas y venidas a una orilla inalcanzable.
Como en un mapa de los sonidos de Tokio,
la mujer de negro es la asesina,
y yo la amo.

Te cansarás de esta dialéctica estéril,
y valdrán muy poco mis palabras.
Invocaré las tuyas,
«como si nunca nos fuéramos a apagar».

Cuando no sepa cuidarte y me esconda,
recuérdame mis mejores promesas.
A veces necesito que me digas
que no todo está perdido.

DER KUSS

Costó mucho aprender a besarnos.
Días y noches siendo alimento del otro.
Palabras desnudas desafiando
nuestros límites.

Hoy te vi llorar y mi corazón se vistió
de negro. La vida no es amable ni hermosa
cuando más la necesitas.
Tiende emboscadas en la calle,
en la cocina, en el silencio roto por el llanto
que no puedes contener.

Quise ser hogar para ti.
Tal vez guarida, refugio, espacio abierto
sin límites ni gravedad.
Vivir contigo en un cuadro de Klimt
—ya sabes cuál—, y descifrar
naranjas y amarillos, todo lo que nos acerca
y nos aleja.

Sigues luchando sola, y yo descuento días
de mi vida para que vuelvas a brillar.
¿Habrá merecido la pena deshacerse?
Tal vez no vuelvas a tocarme
y escriba de nuevo la palabra «fracaso».

He de contestar a la pregunta,
y quizá ya ni te sorprendas, si te digo que soy
el sonámbulo de tus sueños.

No sé guardarme nada

No sé guardarme nada.
Créeme si te digo que quiero ser parte
de la ecuación.
Que el otoño irá cambiando nuestra ropa,
no las ganas de quitártela.
Que la vida no es como la imaginábamos,
y el corazón no deja de descontar latidos.

No quiero dejarme ni un ápice de honestidad
en este manifiesto.
Les hablo a mis estudiantes de procesos
y métodos, de algoritmos invisibles
que gobiernan nuestras vidas,
de un sistema perverso que nos deshumaniza.
Pero mientras les cuento todas esas cosas,
yo estoy en otra parte.
Mi mente se encierra contigo en un ascensor
y trepa por tus caderas,
le baja todas las persianas a la noche,
ordena a mis manos que deletreen cada poro
de tu piel.

En el tiempo de la desnudez no medíamos
el sentido de nuestras palabras.
Hoy no es ayer, me devora la abstinencia
de ti.

No sé guardarme nada,
cuando se trata de amarte.

CUANDO ME OLVIDES

Pasarán los años, sin darte cuenta
llegará ese tiempo en que la belleza
toma otra forma, ajena al deseo.
Tal vez yo me haya ido en un último salto
al vacío, el definitivo.
Descubrirás este legado de versos
en algún cajón, o quizá tus dedos acaricien
el lomo de un libro que lleva nuestros nombres.
¿Qué pensarás de mí, entonces?

No supe reparar lo que otros rompieron,
y transité por el lado más sombrío de tu historia.
Me pregunto por qué siempre llego tarde
a las personas correctas, cuánto puede desangrarse
un hombre a las puertas de sus pretensiones fallidas.

Me van ganando los días que tienen forma
de agujas en esta parte del mundo que no te muestro,
la dimensión menos conocida del tipo afable y taciturno
que se pliega ante tu inventario de sucesos,
y trata de sostener un equilibrio imposible
entre el afecto y el deseo.

Dime qué será de estos versos cuando me olvides
y otros cuerpos cierren tus heridas,
si recordarás cuánto te quise y el plan
que imaginé para nosotros, donde tú eras el centro
de todo, cada instante.

A veces, la vida es ayer y no hay adioses.
Hemos sido definición del desenfreno,
nos tocamos con los ojos, abrimos caminos
inimaginables con nuestras bocas.
Cada sorbo de ti me saciaba hasta el siguiente.

Y ahora todo se viste de sed, de domingos
por la tarde, un mar en calma que me arrastra
al fondo de los recuerdos.

Y en esta apnea apareces mientras yo
me difumino, como un tránsito lento
de tu cielo a mi tierra.

Para qué, todo esto.
Preguntas que sobrevuelan
sin amago de respuesta.
Pero mil veces volvería a descubrir
tus pechos y vivir en ellos, a beber
el néctar de tu sexo desbocado.

Y ese es el sentido que le encuentro
a la insistencia de quererte.
Un ser racional descubre en la línea recta
su hoja de ruta, es inmune a derivas
y caminos secundarios.
Y yo elijo el laberinto que tú eres
como forma de vida.
En el campo de batalla, ser tu fuego amigo.
Aire para que respires.
Y así, no me olvides.

ARMISTICIO

Vuelve la niebla de tu recuerdo,
cuando creo olvidarte.
A dónde te llevaré cuando me lo pidas,
si tengo frío de nosotros incluso en la playa
que nos protegió del mundo.

Acordemos los términos de este armisticio,
en el que tú ganas y yo te pierdo.

Uno, dejar ir, porque hace una vida que te fuiste
y sigo descontando los días para un abrazo
que solo yo sostengo.

Dos, olvidar el nombre de tu calle, la fachada azul,
cada lento segundo dentro de tu cuerpo.

Tres, desaprender fotografías y las facciones
de tu rostro, que besé tantas veces.

Cuatro, permitirme otros labios, bailar en mi salón
al son de nuevas pieles, desenterrar el deseo.

Cinco, no abrirme en canal cuando me hablas
de cuánto me quisiste,
asesinar al fantasma de la nostalgia.

Estas son hoy mis condiciones,
aunque mañana ya las haya olvidado
y lo imposible no sepa de nosotros.

SEPTIEMBRE

Y cómo he de mirarte, si tengo
tus pupilas atravesadas en las mías.
Cómo nombrarte sin palabras,
si me ardes en cada pensamiento.

No soy el maestro que te prometió
el mar, ni vimos la última luna de sangre
del verano.
Como Mercedes Sosa,
yo solo vine a ofrecer mi corazón.

Septiembre.
Seguirás buscándome en los tiempos muertos
de tu soledad para regocijo de la mía.
Despacio, tal vez lleguemos más lejos,
a donde nadie nos hubiera imaginado.

Y yo retendré las iniciales del deseo
en este poema que no es grito,
sino orilla.
Construiré la paz que necesitas en tu duermevela
a cambio de mi sueño.

Habrá sonrisas en los lunes.
Un brindis por los viernes.
Silencios que hablan el resto de los días.

Si ha de deshacerse el hechizo,
que sea lentamente.

CARRETERA

Kilómetros por delante aún.
Idas y venidas en esta ruta incierta.
Recogieron los girasoles que hay
junto al área de descanso.
Lástima, te los hubiera mostrado, y también
todo lo que te dije que te haría
en el viaje a ninguna parte.
Porque tú eras el destino y la travesía.
Eras mis razones para el movimiento.

Es el tiempo en que cambia el paisaje,
y abrazo otras formas de belleza
que descubro en ti como modo
de nuestra supervivencia.

Tal vez me necesites en improvisadas tardes
de otoño, y nuestros corazones vuelvan
a temblar.
He aprendido a sostener tu nombre
sobre todas las cosas, y esa es
mi cordura. La balanza improvisada
que equilibra deseo con razón.

Seamos esa posibilidad pequeña,
aún distante, insospechada hasta ayer.
Seamos paz en las horas más convulsas.

Celebra estas palabras conmigo.
Son las más certeras que hoy tengo
para quererte.

METAMORFOSIS

Si hubiera sabido el breve tiempo que sucederías
entre mis brazos, aún estaría clavado
dentro de tu cuerpo.
Si me hubieran dicho que nosotros, ya no,
habría corrido hasta el pasado para encontrarte
y vivir juntos en este poema.
Si por un momento hubiera sospechado de esta zozobra,
el agua de la ducha seguiría corriendo por tu piel
para hacer más tibias mis caricias.

Mi memoria se fragmenta en pequeños trozos
que me ayudan a recomponer esta metamorfosis
de los dos, yo el insecto que repta y observa abstraído
la propia lentitud de los adioses.
Tú, en cambio, una larva que ha hibernado
demasiados años y suplica por sus alas transparentes
y simétricas, una suerte de belleza
que no puedo alcanzar.

Todo sobre nosotros nos aleja al tiempo
que convergemos en un espacio común.
Este otoño conspira para asesinarnos,
pero tengo un plan maestro
que nos mantendrá inmunes al frío
de las palabras.
Quererte más cuando te quieras menos.
Ser hogar sin llaves.
Merecerte.

DESENFOCADOS

No somos nosotros.
No te reconozco así,
cansada y triste.
Ya no sé cómo hueles.
Y yo tampoco soy lo que ves,
porque me rompo al mirarte
y no te digo nada.

Ralentizamos nuestros pasos,
los mismos que ayer corrían
en la dirección del otro.
He soñado contigo
y todo era distancia.

¿Qué guardaste de mí?
Puede que mis manos,
trazando en tu piel
una cartografía del deseo.

O los primeros abrazos
sin tiempo ni medida.
Sin aire entre los dos.

Nunca supiste si esto era amor
o refugio, yo tuve la certeza
mucho antes de encontrarnos
en el jardín de las delicias.
Retuve todo de ti, y no sé ni quiero
despedirme en un poema.

Nosotros

Recitábamos poemas antiguos
en una desnudez pactada y tímida,
casi sin vernos, sin tocarnos.

El verano se estrellaba desde el cielo.

Obstinados en reconocernos en la atalaya
de nuestras soledades, dimos forma al lenguaje
más tibio de la piel y el beso.

Apenas prestamos atención al silencio
de agosto, tras un julio feroz e incendiario.

Hoy mis dedos te siguen recorriendo,
en el repertorio de cuerpos que se desvanecieron
para ser verso. Palabras que me recuerdan
que no eras solamente sed, sino también agua
en el desierto de mi vida.

Tan yo, tan tú.
Nosotros.

LEVEDAD

Siempre tienes la edad de mis recuerdos,
y me empeño en vivir en ellos.

En cambio, tú has preferido el olvido,
que me convierte en casi intrascendente
a ojos de un tiempo amortizado.

Los años son una travesía de imágenes
que guardo celosamente,
hasta que sean polvo conmigo.

Pero sucede que libros y canciones se diluyen
en la trastienda de los días
que no digo tu nombre,
y debo despedirme de un inventario viejo,
abrir las ventanas que no retuvieron el sur
y dejar de buscarte en la risa de otras bocas.

Me dejas ir y te permito quedarte, cada vez
más pequeña y difuminada.
Como un sueño pesado,
entre tardías nubes de verano que anuncian
quietud y levedad.

Estas manos

Puedes oírlo, se abre paso entre nosotros.
Es la intermitencia del olvido.
Todo queda atrás, cada palabra es hoy
el reverso de lo nunca dicho.

Escogimos el bando correcto, pese a todo.
Mirarnos a los ojos era una cuestión
de vida o muerte,
y ya conocemos el severo desenlace.

Ahora elijo estar ausente,
recordar los reflejos de tu pelo
y que no me importe si no vuelves,
o si cierras esa puerta para siempre.

Aunque aún queme tu fuego
y nadie sepa cuánto fuimos.
Aunque siga recreando los momentos
en que me arrancabas la ropa
y podía respirar en tus labios.

Estas manos te memorizaron,
y en su ingenuo descubrimiento creían
en la perdurabilidad de las caricias.
Se aferraron a tus sueños.
Vieron lo imposible.

Estas manos, condenadas a estar sordas
y ciegas sin tus señales.

CASI

Casi llegaste a ser un libro,
de los perpetuos en mesilla de noche
y páginas repletas de notas al pie,
reescribiendo lo vivido.

Casi nuestros corazones bailaron al son
de la canción del verano,
en una danza secreta que escondíamos
a los ojos del mundo.

Casi pude rozar tus manos
para que creyeras en las mías,
manos expertas en amores imposibles
y caricias en el alma.

Casi deseé ser hogar para ti
en una ciudad devastada por el miedo,
la mesa puesta y cena caliente
para sosegar cansancios viejos.

Casi te dije que te amaba
en cada breve pausa de tus besos fieros,
que antes y después de ti no habría ayer
ni mañana.

Casi me he quedado sin palabras
ahora que tu nombre es ausencia.
Casi escucho a mi propia soledad
diciéndome que es hora de volver a casa.

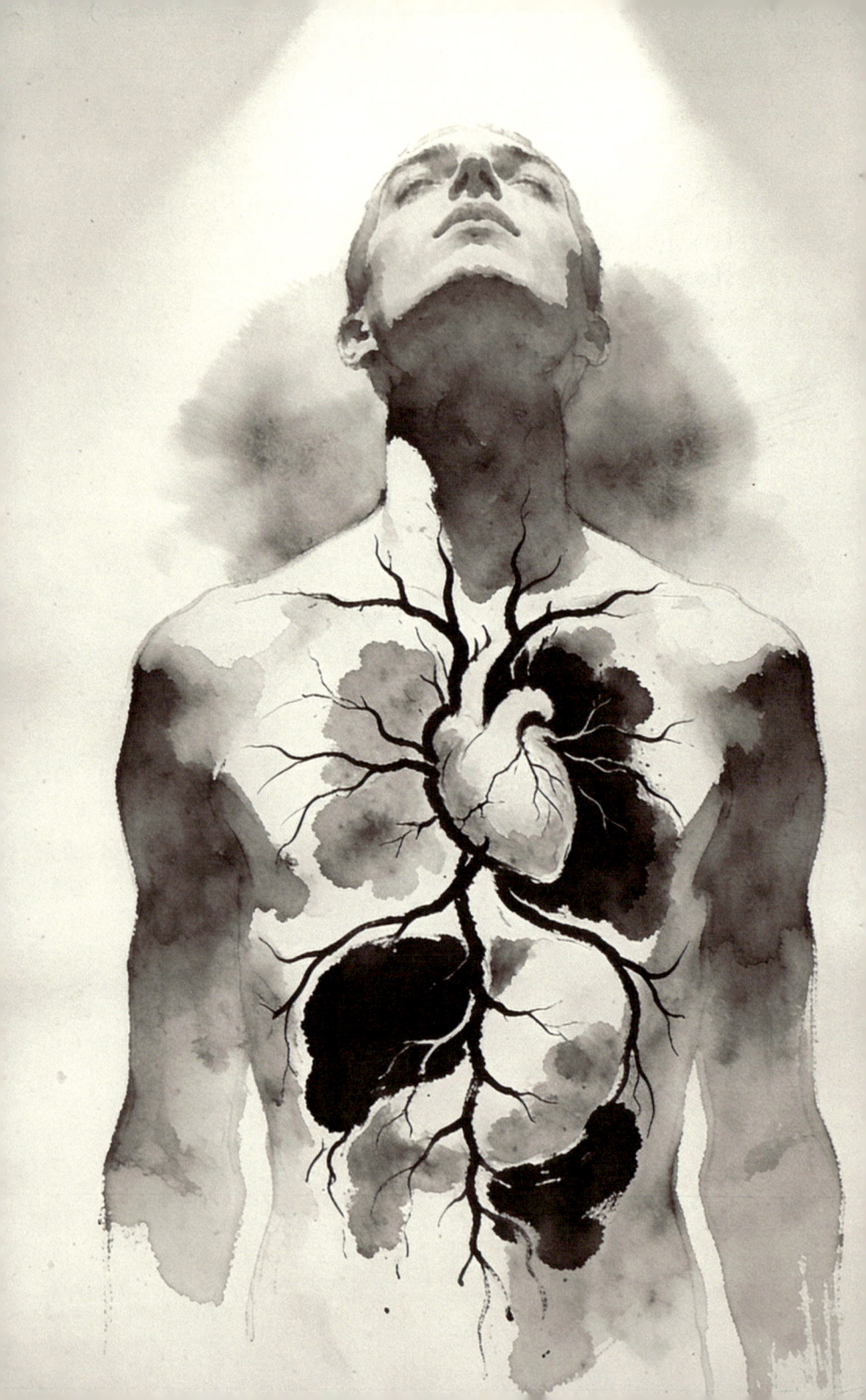

EL LADO OSCURO BAJO MI PIEL

PÁJARO

No soy un tipo de fiar.
Escribo versos a menudo,
cuando todo está en silencio.
En cada poema hay una mujer,
aunque ninguna me espera.
O tal vez es la misma,
y tú pones nombre a todas ellas.

Es difícil saberlo, después de haberme despedido
tantas veces.
En esta habitación, tan pulcramente ordenada,
se acumulan demasiadas máscaras del yo
y del antes, un inventario de frases gastadas
en la ruleta de la felicidad.
Tú tan negra y yo tan rojo, para que al final
nos saliera cero, nada.

Hiciste bien al desplegar tus alas.
Como cada pájaro, soñabas con conquistar el cielo.
Yo no pude saltar al vacío,
no era miedo a las alturas, sino la niebla
que me impedía verte.

Ahora merodeas por los palacios de mi memoria,
desfigurada, y dudo que pueda recomponer más trozos
sin encajar los que se quedaron contigo.

INTEMPERIE

Escucho la intermitencia de otras vidas.
Su estridencia más allá de estas paredes,
que son un parapeto inútil frente al ruido.

En qué momento me hice tan pequeño
como para confrontar los entresijos
de tu ausencia y salir ileso.

Como en un burdo ejercicio de masoquismo,
yo quería que me dolieras siempre.

Cuento los días como semanas, y de pronto
son años a la deriva acumulando viejas camisas,
libros sin leer que desbordan las estanterías.
El álbum familiar de fotos que no terminaré
y muere conmigo,
como todos los sueños.

Me he quedado quieto demasiadas veces,
demasiado tiempo. Y descubro en esa lentitud
mi propia intemperie, que acecha.

SER SILENCIO

¿Quién nos amará, entonces?
En qué espacio de la memoria habitaremos, inciertos,
como turistas extravagantes en la cola de un museo.
Corredores de fondo sin forma.
Inquietos peces en bolsitas transparentes
que sueñan con grandes acuarios,
sin saber que ya están muertos.

A quién le importa la muerte de un pez,
o la destrucción de Palestina.
Nadie se detendrá cuando caigas, porque nadie
es tu nombre.

Yo quería ser silencio a tu lado, desaprender las palabras
vacías y contemplar la noche interminable.
Recorrernos en días perfectos, tocar la gran belleza,
dibujar tu retrato de mujer en llamas.

Y ahora tengo el duelo fingido de los funerales
y una sonrisa improvisada que exhibo en el ascensor
cualquier lunes o martes, en un descenso sin fin
junto al vecino que detesto.

Apareces, desapareces. Pasa la vida.

Quién soy

La cama ya no hace ruido.
Le he dado la vuelta al colchón
y ahora duermo en el lado vacío
de tu ausencia.
Los espejos, muy pequeños
o demasiado grandes,
replican escenas de un pasado
muy presente.

El peluquero hizo su trabajo,
donde había canas ahora hay
estelas plateadas. Me veo guapo,
alguien me lo ha dicho y eso
resta soledad a los días planos.

¿Quién soy yo en este lugar?
Este libro de poemas, que crece
cuando estás y no estás.
La flor marchita que me regaló una niña,
ese acto de generosidad que aún
me conmueve.
Los pasos que marca mi reloj,
dubitativos y cortos, a ninguna parte.

Se acerca la vuelta.
Hay un trastero sin ventanas
que he de vaciar, cosas en las que ya
no creo. Y algunas nuevas que guardar
junto con tu nombre.

CERVEZA

Bebo cerveza.
A veces rabiosamente,
con la furia de un sediento
expulsado del oasis.

Recorro los pasillos
de los supermercados.
Marca blanca, especial,
doble malta, *ipa*. Da igual,
es cerveza y lleno el carro.
Me gusta ver alineadas
todas esas botellas y latas,
suplicando que las lleve a casa.

Nunca me emborracho, beber solo
me pone triste tras la euforia
de los primeros sorbos.
Tragos largos, generosos,
que sacian por un instante
otra sed que percute en mi garganta.

Abro la tercera y trato de escribirte,
pero es tarde para alegatos
de un hombre que bebe.
Qué pensarías de mí y, sobre todo,
por qué pienso en ti,
teniendo esta nevera llena de cervezas
y un disparo en el pecho simulando
una flor.

LO QUE TENGO

Tengo una casa en el mar y otra
en el desierto.
Dinero en el banco para malgastar.
Algunos calcetines huérfanos.

Tengo menos cicatrices de las que merezco,
y un montón de nombres olvidados.
Una gran última mudanza pendiente.

Tengo un buen trabajo y una vida solitaria.
Aversión al invierno y a la lluvia.
Un traje barato para bodas y entierros.

Tengo algunos gestos de mi padre y el afán
por el orden de mi madre.
Fotografías viejas de un tipo que se me parece.
Cartas de amor que nunca envié.

Tengo miedo a morir solo,
y a algunas cosas que pienso.
Tengo sed, y bebo. O como, y no sé
qué hacer con el tiempo.

Soy lo que tengo, y también
lo que no tengo.

MUJERES

He amado a mujeres sombra, sus estoicas figuras
abrigaron mi soledad en momentos de intemperie.
También quise a algunas mujeres hielo,
y he de decir, a mi pesar, que les di demasiado
a cambio de casi nada.

Conocí a una mujer hogar, que en su afán
por retenerme cortó mis alas sin saberlo
y nunca más volví a volar con ella.
Me dejé llevar al lecho de mujeres fuego,
pero tras su apasionada entrega mi corazón
se plegaba en retirada.

Así, una tras otra, me fui quedando solo.
Olvidé el camino de vuelta porque jamás sentí
que alguien me esperaba.

Es el precio que pago por haber vivido tanto
y conservar tan poco,
esta ocurrencia mía de no necesitar a nadie
y bailar con mis fantasmas al son
de una música invisible.

Cada nombre que olvido me acerca al abismo
de mis indecisiones.
Y es urgente olvidar.

Epílogo

Esta mañana, el espejo me envejece.
Van sobrando dos de cada tres días,
huérfano de amantes y de ganas
de quererme a tu manera.

El Mediterráneo muestra su azul
más intenso, pero es un cementerio
de voces silenciadas por el hambre.
Un continente se desangra frente a un desierto
de sombrillas y selfis.

Abro una cerveza y te echo de menos.

Un día entenderás que yo era un hombre triste,
ajeno a los libros de autoayuda y al *mindfulness*.

No te veré más, porque sé cuánto te duelo
cada fin del verano, a las puertas de mi principio
de incertidumbre.

Sé. Sé tú. Sé libre.

Yo me he quedado a vivir en *Tokio Blues*
y sus canciones, en los poemas de una juventud confusa.
Mi corazón de hojalata revela el ser mezquino
en que me he convertido, un homicida de tus sentimientos,
sostenedores de estos muros agrietados. Mi casa.

Ya soy lo que quise ser, y no soy nada.

MANIFIESTO

Eres un espejismo y te declaro ausente
de este vacío y mis indecisiones.

Rompo el velado silencio para desaprender
tu nombre, declaro irreparable
esta estropeada maquinaria de un reloj antiguo
que nunca marcó nuestro tiempo.

No te necesitaré más en este breve tránsito
hacia el final de los días.

No has dejado paz ni guerra, apenas un sordo eco
de palabras con un mar interminable
de por medio.

Esta historia de amor no era
nuestra historia, solo ganabas minutos de horas
que yo perdía, embelesado amante
a jornada completa de tu ausencia.

Ahora soy este manifiesto, mientras sucedes
en el imaginario de una fotografía vieja,
casi descolorida, en la que yo te miro ciegamente
y tú nunca me ves.

EL DILEMA DE MASLOW

Todo ser humano se va de este mundo
sin saber qué fue la vida, qué es la vida.
MANUEL VILAS

Envejezco.
Corro contra el tiempo,
pero se me ha hecho tarde.
De nada sirven ya las cremas
ni los entrenamientos, la melatonina
para dormir y las carnes blancas.

No sé cuántos escalones llegué
a ascender de la pirámide de Maslow.

Mi vida ha sido una planicie serena,
con derivas intermitentes.
He visto La Habana, Praga, Lisboa, Roma,
San José, Berlín, París, Bogotá y otras
ciudades laberinto.
Hubo techo y comida, siempre.
Algunos amigos, que ya no están.
Amantes en la búsqueda frenética
de algo para conservar.

Tuve el hijo, escribí libros y dejé morir
el árbol.
Me he bañado desnudo en dos océanos
y algunos otros mares.

Esquivé a la muerte cuando me buscó
a destiempo, y no le perdono haberse llevado
a mis padres demasiado pronto.

Juzgué y me juzgaron.
He vivido ajeno a las personas
que se empeñan en ser gente, esa marea
de muertos vivientes que dicen y piensan
las mismas cosas.

Besé por inercia y no por convicción,
para huir de las tardes de domingo
y las derrotas de mi equipo.

Un trascurrir de años en blanco o gris,
a veces salpicados por tintas de color
casi traslúcidas, y finalmente invisibles.

Sigo caminando sin un rumbo preciso,
sigo acostándome tarde para encontrar sentido
a los días.
Tal vez aún busco el último escalón, saber qué cosas
merecieron la pena en este viaje.

Y hasta que llegue el final, solo aspiro a beber
más de la cuenta sin resaca,
hacer el amor como si fuera la última vez,
abrazar las canciones de nuestra juventud
y ganarme un epílogo que trascienda lo vivido.

Es más de lo que merezco, lo sé.
Guardadme el secreto.

PEQUEÑOS APUNTES
PARA SOSTENER UN MUNDO
QUE NO ENTIENDO

La chica que sonríe

Va y viene mi alma guerrera.
Viene y va si tú me hablas,
si tú endulzas la espera.
Manolo García

La chica que sonríe ha hecho de la tristeza
su castillo, y en ese espacio pequeño construye
y alimenta las vidas que despiertan, y también
las que se fueron.

La chica que sonríe arrastra el cansancio
de los días y el silencio.
Cuenta los minutos que le acercan al *Armagedón*
de la mañana, y en ciertos momentos llora.

La chica que sonríe sostiene el peso del mundo
con sus manos delgadas, y a veces se rompe.
Su cuerpo herido se acurruca en la esquina
de la luna, y aun dormida sigue cuidando.

La chica que sonríe escribe en su cuaderno
las palabras que nunca le dijeron,
y comprende que el peso y la miseria de la historia
recaen sobre ella y todas las mujeres.

La chica que sonríe se quiebra de amor por dentro,
y muestra partes intangibles de su alma.
Deja que me encuentre con ella para plantarle
exuberantes flores en el vientre.

La chica que sonríe es un viento interminable
que me empuja hacia sus raíces más profundas.
Y cada gesto suyo tiene réplica en mi verso,
para mantener vivos todos los sentidos.

MIS AMIGOS *(ONCE AGAIN)*

Nos iremos todos,
y seguimos empeñados en no vernos.

En la intermitencia de las pantallas
que gobiernan nuestras vidas.

Yo recuerdo los rostros de mis amigos,
vosotros,
en el tiempo en que amistad era un simulacro
frente a la incertidumbre de ser joven.

El zafarrancho de los sábados en Santa Ana, 2,
tercero derecha. La ginebra *Lirios,* las litronas,
mil pelas para dar la vuelta al mundo.

Hablar de amores en ciernes que nos vencieron.
Amores rubios, morenos y hasta pelirrojos
que llenaban el aula 223 de Sociología,
mientras nos convertíamos en expertos analistas
de acontecimientos complejos,
casi tertulianos de un salón en penumbras.

Alzamos la voz, cantamos himnos,
caminamos por la calle del olvido.
Fuimos el *Beer Team* del futbito en Somosaguas,
ese lugar en ninguna parte que nos parió,
imberbes y atolondrados, hasta proyectarnos
a la vida y sus mareas.

Sí, yo os recuerdo, y el tiempo se agota mientras escribo
estas palabras, porque es urgente abrazarse,
sentirnos otra vez ganadores en un tiempo de derrotas.

Y dejar que suenen los Pogues y su *Fiesta* por última vez,
con las luces apagadas, tambaleantes
hasta la explosión final, rompernos de amor.

Once again.

PARTHENOPE

He visto *Parthenope,* de Sorrentino.
Abracé sus cielos azules,
la lentitud de los días.
Y ella, tan paisaje.
Arrogante y frágil como el cristal.

Yo también sucumbí ante esa mirada
de insultante juventud, la osada perfección
de unos labios que hablan sin palabras.
Pero detrás de la vida no hubo nada.
Ninguna caricia que rompiera el silencio
de quien se siente piedra arrojada al mar.

Fuiste una sirena sin suerte, nadie te dijo
que más allá del deseo no trascenderías
a la memoria de ningún hombre o mujer.

Tú fundaste una ciudad que ama el fútbol
y la decadencia, diste de mamar a todos
sus hijos por nada.

Solo hubo redención en el silencio,
toda belleza se marchita y entonces abrazaste
tu verdad.

Parthenope, nunca podría amarte,
me recuerdas demasiado a lo que duele.
Pero te quedas a vivir en estos versos.
Y yo en ti.

PALESTINA ACUSA

Es posible conservar un ideal,
y es urgente agitar las banderas
de la dignidad.

A Palestina la están matando
y nadie quiere a sus muertos.
Pero sus rostros desfigurados
nos acusan.
Por tibios, por indolentes,
por indiferentes.

No es este un poema de amor,
sino de odio.
A los asesinos, mi odio.
A los que callan, mi odio.
A los que hacen de la muerte
un negocio, todo mi odio.

Soy rabia que no quiero contener,
soy la furia por cada niño que yace
sin vida a las puertas de sus sueños.

Un pueblo muere, y solo algunos
se rebelan contra la impunidad.
Elegir el lado honesto de la Historia
no salvará más vidas,
pero a mí me salva del espanto
de los cuerpos quemados, desmembrados
y del peso de vivir sin alma.

CODA POR ROBE

No sé qué pasa hoy.
Las calles están mojadas y nadie saluda.
No hay pájaros ni ventanales al mar.

Será que te has muerto dentro de mi televisor
y vuelas por los tejados en busca de amapolas.

Y ahora quién va a poner banda sonora a mis fracasos,
a qué estribillo me encomendaré para conjurar la lluvia
de este mes ingrato.

Son demasiadas orfandades en un mundo
a la deriva.
Sobran imbéciles y falta amor.
Y con este panorama, a ti te da por saltar
de nube en nube, so payaso.

Ya eres el viajero inalcanzable, refugiado extremo
en el desapego a las costumbres.
Nadie afinará las cuerdas de tu guitarra
ni pondrá voz a tu melodía rota.
Hoy Dios dimite y nombra sucesor a un tal García.

La canción favorita de nuestras vidas
es una nana por tu muerte.

La vida

Me he quedado en la cama hasta el mediodía,
intentando ver las cosas de otra forma.

Pensé en el tiempo que me queda,
en cómo hacerlo valioso,
pero me distrajo la lluvia de un otoño traicionero
y no se me ocurrió nada.

Después te vi en mis pensamientos y quise acercarme,
una vez más, por si quedó algo entre las ruinas.
Tu gesto cansado te hizo inmune a mis palabras
y supe que olvidarte sería un lento despertar.

Tuve miedo a estar solo
y busqué en mi agenda de contactos.
Pero no reconocí muchos nombres,
y de algunos otros prefiero no acordarme.

Miré el reloj, eran más de las doce y mi vida
se había parado en un miércoles gris.
Afuera, el mundo había puesto distancia conmigo.

Hoy perdí lo que tenía, que era poco o nada.
Tal vez mañana no llueva,
y tú me digas que me echas de menos.
Puede que brinde con amigos.

Caer y levantarse es más que una frase.
Es la vida.

Agradecimientos

Este libro está compuesto por más de diez mil palabras, y cada una de ellas cobra pleno sentido en boca de otros, por lo que doy gracias a todas las personas que aún buscan respuestas en la poesía.

Gracias a mis padres, que llenaron mi infancia de libros para hacer más amable la travesía de la vida. Ojalá estuvierais aquí.

Gracias a Juan Carlos, por acompañarme en el proceso creativo con cercanía y entusiasmo. Y por la música. Si no fuéramos primos, lo pareceríamos.

Gracias a quienes se empeñaron en vivir dentro de mis poemas. La inmortalidad tiene muchos rostros, y recordar algunos de ellos es mi vocación.

Siempre nos encontraremos en las palabras.

Índice